从汉字到大语文

主编：陈瑞

第五册

文化发展出版社
Cultural Development Press
中国 · 北京

目录

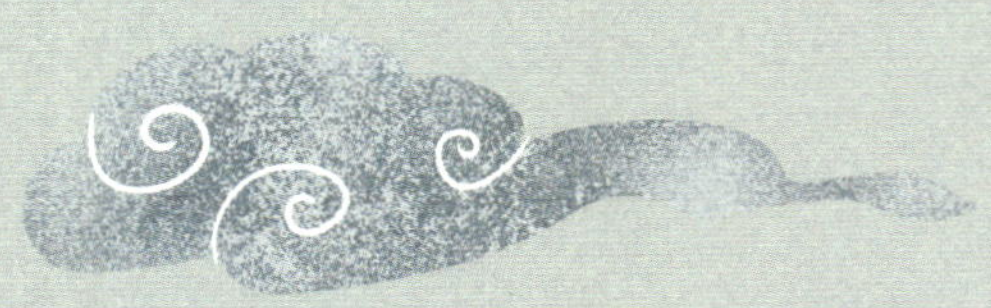

七十四

弯曲开着像曲尺

gōng

工

基本汉字中的第 74 个字

甲骨文 金文 篆书 隶书 楷书

工读作 gōng。甲骨文、金文和小篆像一把曲尺的形状，本义是古代一种画直角或方形的工具。当名词用，泛指各种生产活动、创造性劳动，如手工、工人、勤工俭学。“工欲善其事，必先利其器”（《论语·卫灵公》），说的是要做好一件事情，必先做好准备工作。后指劳动者，如雇工、工匠、士农工商。

工也指一个人一个劳动日的工作量、劳动量，如工夫、偷工减料。“洛阳三月花如锦，多少工夫织得成”（宋·刘克庄《莺梭》），“六十余年妄学诗，工夫深处独心知”（宋·陆游《夜吟》），这里的“工夫”指的是工作量。

古人把工匠的技艺称作工艺、技艺，因为他们的劳动成果比较精致、精巧，所以就有了工巧、工整等义，如工笔画、巧夺天工。“国家不幸诗家幸，赋到沧桑句便工”（清·赵翼《题遗山诗》），意思是说：国家处在战乱时期，如果内战频发或者外族入侵，对国家来说是非常不幸的。可是对于当时的诗人来说，却能够激起他们的创作灵感，让他们写出千秋不朽的诗句来。

“磨刀不误砍柴工”是一句俗语，说的是一位老人和两个儿子的故事。

有一天，老人想考考两个儿子的智力。他从集市上买来两把斧头，让他们比赛谁砍的柴多，用的时间少。兄弟俩想了一晚上，第二天就分头行动。老大想，要砍得多，就得抓紧时间。于是天一明，他就拿上斧头、扁担和绳子，上山去了。他的斧头不锋利，没砍几下，就累得气喘吁吁。老二拿到斧头，看到斧头比较钝，于是找来一块磨刀石磨了起来。老二把斧头磨锋利后，才拿上斧头、扁担和绳子上山去了。不一会儿，他就砍好两捆柴，挑着回家了。直到太阳下山时，老大才背着两捆柴回到家。

“磨刀不误砍柴工”这句俗语告诉我们：做事之前如果能够做好准备工作，就会达到事半功倍的效果。

汉字乐园　与工有关的汉字

红（紅）

小篆左边是糸（糸），表示与丝织品有关；右边的工（工）表示读音。本义是浅赤色的帛，引申为粉红色。

扛

小篆左边是手（手），表示与手部动作有关；右边的工（工）表示读音。本义是两手举（重物）。

巩

金文像一个弯腰面向左的人双手平握着一根绳子（丮）；左边的工（工）表示读音。本义是用皮革捆绑东西。

巨

金文像一个工匠（，用大表示）手（）里拿着工具（）画直角或者方形。本义是画直角或方形的工具（或木工的方尺），后来写作“矩”。

巫

甲骨文是两个玉（）纵横双向交错的样子，古代巫师认为玉是灵物，可以沟通天地，所以用交错的玉形指能够用舞蹈降神的人。

功　你会玩吗？

答案：小篆的右边是力（），表示与出力有关，左边的工（，表示劳动工具）表示读音。本义是功绩。

七十五

与私相背觉悟高

gōng

基本汉字中的第 75 个字

甲骨文 金文 篆书 隶书 楷书

公的小篆字形由“八”和“厶（后来写作‘私’）”组成，是一个会意字，表示“与私相背”的意思。本义是公正、无私，如公道、公平。“公正无私，反见纵横”〔先秦·无名氏《佹（guǐ）诗》〕，“公正无私”说的就是做事公平公正，没有私心。

因为公正是针对每个人而言的，所以从中可以引申为共同、公家，如公共、公有、公款。后来这个范围扩大指国际之间的，如公海、公历。如果属于共同所有，就需要公开透明，如公布、公映、公之于世。

公用作名词，古代指五等爵位的第一等，如公侯伯子爵。“赳（jiū）赳武夫，公侯干（gān）城”（《诗经·兔罝》），说的是雄赳赳的武士是公和侯的好护卫。

公后来表示对老年男性的称呼，如外公、公婆。“公说公有理，婆说婆有理”是一句惯用语，说的是双方谁都不服气谁。

公也可以指动物中的雄性，如公鸡、公牛、“公鸡下蛋——妄想”。

己亥杂诗

［清］龚自珍

九州生气恃风雷，万马齐喑究可哀。

我劝天公重抖擞，不拘一格降人才。

【作者】龚自珍，字璱人，仁和（今浙江杭州）人，19 世纪前期杰出的进步思想家、爱国主义者和著名文学家。他的诗作以揭露清政府的腐朽统治为主，洋溢着强烈的爱国热情，对近代文学影响很大。

【译文】只有狂雷炸响般的巨大力量才能使中国大地生发出勃勃生机，毕竟死气沉沉的社会时局最是令人悲哀的。我希望老天能够重新振作精神，打破成规以便降下更多的人才。

【鉴赏】这是一首政治诗，诗人借用“万马齐喑（yīn）”来比喻清王朝政治腐朽、埋没人才、到处死气沉沉的现状，反映了作者提倡改革、要求改变现状的思想。

首句描写在当时中国的社会环境下，就必须要依仗风雷激荡一般的力量才能够改变现状。风雨雷电一起涌来，就会把世间万物洗涤一新，这是诗人以自然现象暗喻当时黑暗腐朽的社会现实。而当时的社会现实是什么样呢？诗人沉重地感叹道：“万马齐喑究可哀。”“万马齐喑”指当时中国在腐朽的统治之下，人们沉默不语，不敢发表自己的意见，这沉闷的时局让有识之士感到悲哀。

后两句表面意思为：向玉皇大帝祈祷，请他怜悯下界的百姓，降下有本领的人来为民众消灾降福。其实际意思是：诗人希望朝廷能够振作起来，大刀阔斧实行改革，破格选拔真正有本领的人才，放手让他们发挥才能，去开创新的局面。

说一说加拼音成语的意思。

公之于众→众口交赞→赞不绝口（zàn bù jué kǒu）❶→
口若悬河（kǒu ruò xuán hé）❷→河鱼之疾→疾风暴雨→
雨打风吹（yǔ dǎ fēng chuī）❸→吹灰之力→力不从心（lì bù cóng xīn）❹→
心想事成→成千上万（chéng qiān shàng wàn）❺→万紫千红（wàn zǐ qiān hóng）❻→
红红火火→火树银花（huǒ shù yín huā）❼

❶ 不住口地称赞。表示对人或物十分欣赏。
❷ 说话像瀑布倾泻，滔滔不绝。形容人能言善辩。
❸ 指风雨对事物的摧残或侵蚀。
❹ 想做某事而能力或力量达不到。
❺ 形容数量非常大。
❻ 形容百花齐放，艳丽多姿。
❼ 比喻灿烂的灯火。

词语园

公

属于公家的车（通常指汽车）。

gōng chē
公车

处理公事。

bàn gōng
办公

丈夫的父亲。

gōng gong
公公

外祖父。

wài gōng
外公

属于社会的；公有公用的。

gōng gòng
公共

君主的女儿。

gōng zhǔ
公主

gōng jīn
公斤

千克。

gōng zhèng
公正

公平正直，没有偏私。

gōng kāi
公开

不加隐蔽；面对大家。

gōng yuán
公园

供公众游览休息的园林。

gōng píng
公平

处理事情合情合理，没有偏私。

gōng lù
公路

市区以外的可以通行各种车辆的宽阔平坦的道路。

姜太公，姓姜，字子牙，人们又称他姜子牙、姜太公，商末周初著名的政治家。姜子牙怀才不遇，快到 80 岁时才当上一个下大（dà）夫。他看到纣王昏庸无道，于是逃出商朝都城朝歌（zhāo gē，在今河南鹤壁），来到渭水边隐居起来，天天以钓鱼为生。相传他钓鱼与众不同，他的钓竿非常短，鱼线却很长，更为奇怪的是，他用的钓钩是直的，钓钩上面一点鱼饵都没有。他一边钓鱼，一边自言自语地唱道："太公钓鱼，愿者上钩！"西伯侯姬（jī）昌经过渭水的时候，听说姜子牙是一位有才能的人，亲自来到渭水边请姜子牙到西岐（qí）辅佐他。姜子牙却有意回避西伯侯。于是姬昌斋戒三天，沐浴更衣，命人抬着厚重的礼品，郑重其事地邀请姜子牙，姜子牙这才出来相迎。姜太公被姬昌封为太师，先后辅佐文王、武王伐纣，为创立周朝立下了汗马功劳。

后用"太公钓鱼，愿者上钩"比喻心甘情愿地上圈套或自愿去做某事。

七十六

两手一起各持十

gòng

共

基本汉字中的第 76 个字

甲骨文 金文 篆书 隶书 楷书

唐代王勃的《滕王阁序》描写了滕王阁的壮丽景色，“落霞与孤鹜齐飞，秋水共长天一色”中的**共**读作gòng。金文由“廿(niàn)”和“廾(gǒng，双手捧着一个物体)”组成，表示每只手里有十个。本义是共有或共同承受，如共患难、生死与共、共产党。

共也可以表示相同、一样，如共同、水天共色、抗疫达成共识。引申为总计、合计，如共计、总共十人参加会议、“前后共吃了十五碗”（明·施耐庵《水浒传》）。

观书有感（其一）

［宋］朱熹

半亩方塘一鉴开，天光云影**共**徘徊。
问渠那得清如许？为有源头活水来。

【译文】半亩见方的池塘就像打开的明镜一样，清澈明净；天空的光彩和浮云的影子一起映入水塘之中，不停地闪耀浮动。要问这池塘中的水为什么这样清澈？因为有那永不枯竭的源头为它源源不断地送来活水。

把○中的字填上，并说一说加拼音词的意思。

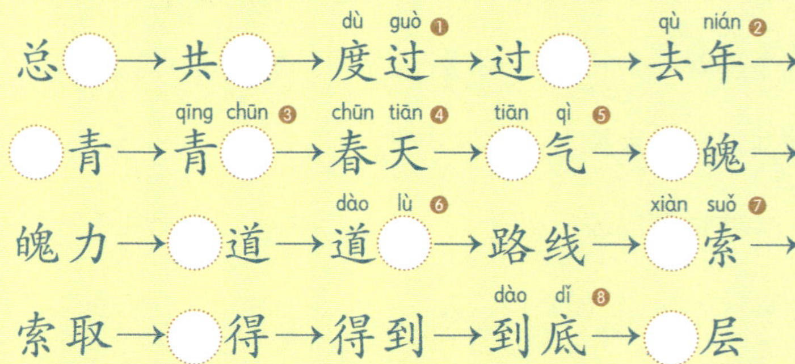

❶ 经过一段时间。

❷ 今年的前一年。

❸ 青年时期，也指青年人的年龄。

❹ 春季。

❺ 在一定区域和一定时间内大气中发生的各种气象变化。

❻ 地面上供人或车马通行的部分。

❼ 比喻事物发展的脉络或探求问题、寻找事物的途径。

❽ 到尽头；到终点。

答案：共、度、去、年、春、天、气、力、路、线、取、底

人来好奉献，张口就欺骗。

举手就作揖，水来就蔓延。

谜底：共

博士喵讲故事

“共挽鹿车”说的是西汉鲍宣的故事。鲍宣的妻子是桓（huán）家的千金，名叫少君。鲍宣以前跟随少君的父亲学习，少君的父亲很看好鲍宣，于是就把女儿嫁给了他。少君的嫁妆非常丰厚，鲍宣有些不高兴，他对妻子说：“你生长在富贵的家庭，习惯了美丽的服饰，而我却处境艰难，不敢承受这样贵重的礼物。”少君回答说：“我父亲因为先生注重品德修养，因而让我来服侍您。既然我乐意嫁给您，您的意见我都愿意接受。”随后，少君把华丽的服饰收了起来，改穿粗布衣裳，和鲍宣一起拉着小车回到家乡。少君拜见公婆后，就提着水桶去打水，奉行做媳妇的礼节，人们称赞她贤惠知礼。

“共挽鹿车”指夫妻共同拉着小车。后用来称赞夫妻能够同甘共苦。

七十七

小犬活泼惹人爱

gǒu

狗

基本汉字中的第 77 个字

篆书　隶书　楷书

狗读作 gǒu，本义指小狗，后泛指狗或者犬，如狗仗人势。“狗吠深巷中，鸡鸣桑树颠”（晋·陶渊明《归园田居》其一），描写了一幅恬静的田园生活。“白云变苍狗，人事何错迕”（宋·连文凤《鸤鸠》）中的“白云变苍狗”不是说白色的云彩变成了灰色的狗，而是比喻世事变幻无常。

狗也可以代指坏人，如狗头军师、狼心狗肺、猪狗不如。“至元十五六，狗儿坏我屋”（元·无名氏《马氏铁券谶》），这里的“狗儿”相当于骂人的狗腿子。

在古代，狗和犬是不一样的，“狗”指的是小狗，“犬”指的是大狗；另外，“狗”一般用于口语，“犬”经常用于书面语。现在两者可以通用，人们经常使用“狗”字，而不太使用“犬”字。

说一说加拼音成语的意思。

gǒu zhàng rén shì ❶ shì bù liǎng lì ❷

狗仗人势→势不两立→立足之地→

biàn huà duō duān ❸

地动山摇→摇身一变→变化多端→

yuán yuán bù duàn ❹

端本正源→源源不断→断发文身→

shēn qiáng lì zhuàng ❺

身强力壮→壮志凌云→云山雾海→

hǎi kuò tiān kōng ❻ kōng qián jué hòu ❼ hòu lái jū shàng ❽

海阔天空→空前绝后→后来居上

❶ 比喻坏人倚仗主子的势力欺压人。

❷ 指与敌对的人仇恨很深。

❸ 千变万化，使人难以把握。

❹ 指持续不断。

❺ 身体强壮，力气大。

❻ 指大自然开阔宽广，无边无垠。

❼ 指以前没有，以后也不会有。形容非常杰出，独一无二。

❽ 泛指新的力量超过了原来的力量。

反犬只会一句，汪汪让人注意。

欢迎客人临门，不让小偷进去。

谜底：狗

“狗尾续貂”说的是晋朝的故事。

晋惠帝呆傻蠢笨，对朝政不闻不问，大权掌握在相国司马伦手里。司马伦为了笼络朝臣，于是大封文武百官。后来司马伦废掉了晋惠帝，自称皇帝后规定，王侯大臣的官帽上必须插上貂尾，称为“貂蝉冠”。由于司马伦大肆封官赐爵，搞得貂尾都不够用了，只好用狗尾来代替。当时民谣唱道：“貂不足，狗尾续。”以此来讽刺晋朝官场这种乱象。后比喻文艺作品续作不佳。

汉字乐园 与犬有关的汉字

狩

甲骨文像一只手（ ）牵着一条犬（ ，狗是猎人打猎的帮手）。本义是打猎。

狼

甲骨文由良（ ）表声，因为狼和狗的外形相似，所以用犬（ ）表形。本义是一种像狗一样的动物。

狈

甲骨文上面是犬（ ），下面的贝（ ）表示读音。本义是一种像狼的动物。

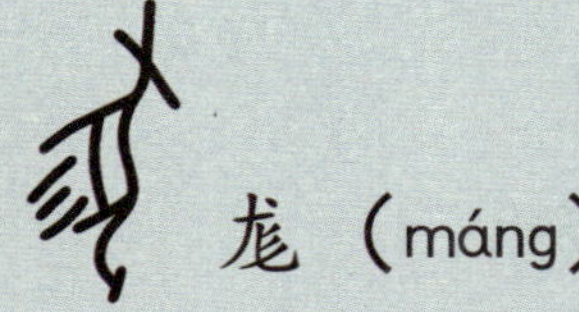

尨（máng）

甲骨文像一条腹部下面长着许多毛（，即彡，表示毛多）的犬（）。本义是多毛的狗。

猱（náo）

甲骨文像一只身体敏捷、善于攀援的猿猴。小篆的外形变得不像了。楷体变成夒。后用“猱”表示，以“犬”表义，以“柔”表音。本义是长臂猿的一种。

猋（biāo）你会玩吗？

答案：金文由三条形状大同小异的犬（）组成，表示一群狗奔跑的样子。本义是奔跑。

七十八

藤蔓中间结果实

guā

基本汉字中的第 78 个字

甲骨文　篆书　隶书　楷书

瓜读作 guā。金文和小篆的两边像垂下来的瓜蔓的样子，中间像悬吊起来的一个成熟的大瓜，整个字形像藤蔓上结有一个大瓜的形象。本义是葫芦类植物的统称，如丝瓜、冬瓜、瓜熟蒂落、顺藤摸瓜。“七月食瓜，八月断壶”〔《诗经·豳（bīn）风·七月》〕，“瓜田不纳履，李下不正冠”（汉乐府《君子行》），以上诗句中“瓜”的意思都是一样的。

四时田园杂兴（其三十一）

［宋］范成大

昼出耘田夜绩麻，村庄儿女各当家。
童孙未解供耕织，也傍桑阴学种瓜。

【作者】范成大，字致能，平江吴郡（今江苏苏州）人。他的诗歌题材广泛，其中田园诗自成一体，影响最大。他和陆游、杨万里、尤袤（mào）一起被称为“南宋四大家”。

【译文】白天去田里铲除杂草，夜晚在家里把麻搓成线，农家的儿女各自承担着一些活儿。小孩子不懂得耕田织麻，但也学着大人的样子在桑荫下种瓜。

【鉴赏】这首诗描写了初夏时节农民劳动的场景。前两句写出了农村的劳动场面，歌颂了辛勤劳动的农民。男人们白天要下田去除草，女人们白天干完活之后，晚上就要搓麻线，用来织布。农家的男人和女人每个人都操持着一部分家事。后两句表现了农村儿童的天真情趣。虽然不懂农田耕种和纺纱织布，但是他们却善于模仿大人们劳动，也正在桑树下学着大人种瓜呢！

博士喵
赏古诗

这首诗用短短四句写出了两代人——当家的年轻人和幼稚的儿童的劳动生活，字里行间流露出诗人对劳动人民的热爱和赞美之情。

后来瓜指从国外引进的植物，如黄瓜、西瓜。

瓜可以引申为形状像瓜一样的东西，如脑袋瓜。“凡乘舆车，皆羽盖金华瓜，黄屋左纛（dào）”〔汉·蔡邕（yōng）《独断》〕，“手折荷花盖头去，瓜皮船不怕风潮”（元末明初·胡奎《临安胜览》），“金华瓜”说的是车盖像金华瓜的样子，“瓜皮船”说船的样子像瓜皮的形状。

瓜用作动词，可以指瓜成熟，如瓜期。“仲月送君从此去，瓜时须及邵平田”（唐・孟浩然《送新安张少府归秦中》）。

瓜还可以用在地名中，如“京口瓜洲一水间，钟山只隔数重山”（宋・王安石《泊船瓜洲》）中的“瓜洲”指的就是今江苏省扬州市附近的一个地名。

把○中的字填上，并说一说加拼音词的意思。

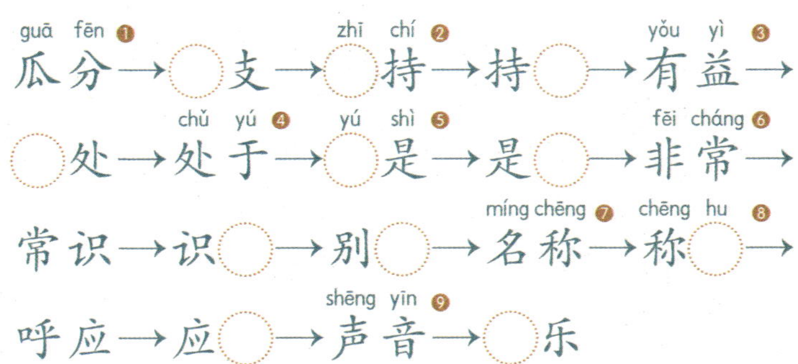

❶ 像切瓜一样地分割或分配。特指强国联合起来分割殖民地。
❷ 给以鼓励或赞助。
❸ 有帮助；有好处。
❹ 在某种地位或状态中。
❺ 连词，表示后一事紧接着前一事。
❻ 副词，表示程度极高；十分。
❼ 事物的名字（也用于人的集体）。
❽ 叫。
❾ 由物体振动而产生的波通过听觉所产生的印象。

答案：分、支、有、益、于、非、别、名、呼、声、音菜园（ ）里种着各（ ）种各样的蔬菜（ ）。用竹（ ）子搭的架子上爬满了黄瓜（ ）和豆（ 金文）角。紫色的茄子，碧绿的大（ ）葱，一个妇（ ）女正把西红柿放在篮子里。

园
各
菜
竹
瓜
豆
大
女

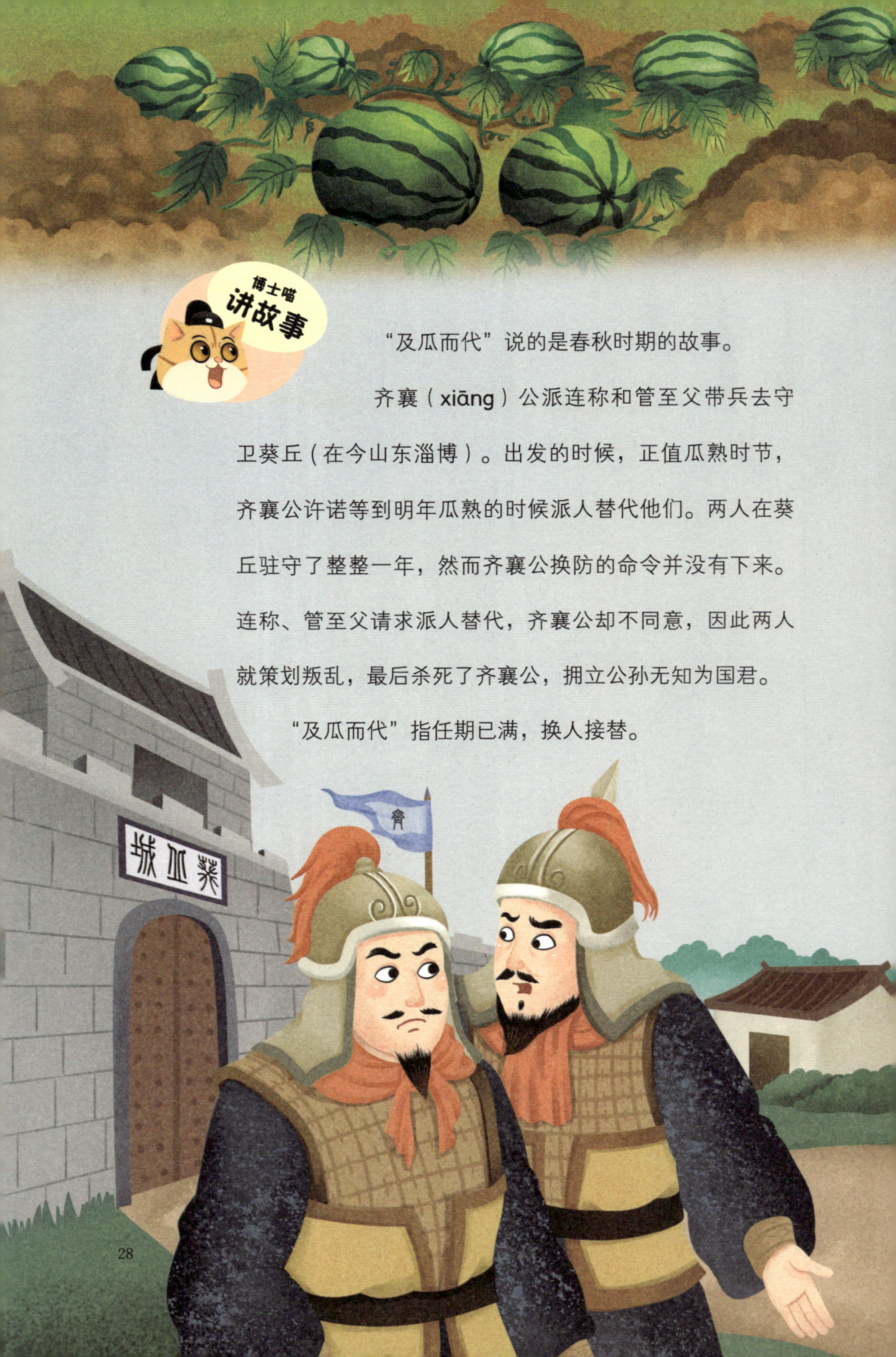

“及瓜而代”说的是春秋时期的故事。

齐襄（xiāng）公派连称和管至父带兵去守卫葵丘（在今山东淄博）。出发的时候，正值瓜熟时节，齐襄公许诺等到明年瓜熟的时候派人替代他们。两人在葵丘驻守了整整一年，然而齐襄公换防的命令并没有下来。连称、管至父请求派人替代，齐襄公却不同意，因此两人就策划叛乱，最后杀死了齐襄公，拥立公孙无知为国君。

“及瓜而代”指任期已满，换人接替。

七十九

插上门闩很安全

guān

关

基本汉字中的第 79 个字

金文　　篆书　　隶书　　楷书

关读作 guān，繁体写作關。“關”的金文形状像两扇大门关上的样子，中间的两点像插门闩的小鼻儿。本义是门闩，如“嬴乃夷门抱关者也，而公子亲枉车骑，自迎嬴于众人广坐之中”（《史记·魏公子列传》），“抱关者”就是掌管门闩的人，也就是看门人，现在这个意义已经不再使用了。

由门闩引申指门，如闭关锁国。也可以引申为合拢、闭合，当动词讲，如关闭、关门。“春色满园关不住，一枝红杏出墙来”（宋·叶绍翁《游园不值》），生动地描写了勃勃生机的春天，告诉人们一个道理：一切美好的事物都会按照自然规律生长，不会被外力所阻挡的。

后来把人或动物禁闭起来也称作“关”，如关押犯人、把老虎关在笼子里。

门闩是开关门的重要枢纽，由此可以引申比喻出入的通道、关口，如城关、一夫当关，万夫莫开。“秦时明月汉时关，万里长征人未还”（唐·王昌龄《出塞》），“羌笛何须怨杨柳，春风不度玉门关”（唐·王之涣《凉州词》），以上诗句中的“关”都指关口。

关也可以比喻重要的转折点、不易度过的时机，如关节、难关、年关。

门闩可以贯穿两边，从中引申指涉及、牵连，如关联、关系、息息相关、毫不相关，“故天子一跬（kuǐ）步，皆关民命，不可忽也”（清·蒲松龄《聊斋志异·促织》）中的“关”当牵扯讲。

关可以用作姓氏，如关汉卿，元代著名的戏剧家，写有杂剧《窦娥冤》。

送元二使安西

［唐］王维

渭城朝雨浥（yì）轻尘，客舍青青柳色新。

劝君更（gèng）尽一杯酒，西出阳关无故人。

【译文】清晨时分，渭城的一场细雨打湿了尘土，青灰色的旅店和周围的柳树都显得格外清新。朋友，请你再喝一杯酒吧，出了阳关就很难见到老朋友了。

词语园
关
指上颌和下颌之间的关节。
yá guān
牙关
没有关系；不相关。
wú guān
无关
骨头互相连接的地方。也指起关键性作用的环节。
guān jié
关节
彼此关联；有关系。
xiāng guān
相关
事物之间相互作用、相互影响的状态。
guān xì
关系
通过关口。
guò guān
过关
guān huái
关怀
关心。
yǒu guān
有关
有关系；有关联。
guān ài
关爱
关心爱护。
guān yú
关于
引进某种行为的关系者。
guān bì
关闭
使开着的东西合拢。也指企业、学校等歇业或停办。
guān xīn
关心
常放在心上；重视和爱护。

八十

头顶火炬很明亮

基本汉字中的第 80 个字

甲骨文　金文　篆书　隶书　楷书

光读作 guāng，甲骨文像一位跪坐的人把火炬高高地举在头顶上，给周围带来了光明。本义是光芒、光亮，如阳光、火光、凿壁借光、“阳春布德泽，万物生光辉”（汉乐府《长歌行》）。“葡萄美酒夜光杯，欲饮琵琶马上催”（唐·王翰《凉州词》）中的“夜光杯”是一种用美玉雕琢而成的名贵饮酒器。传说有月亮的晚上，把美酒倒入酒杯中，酒杯就会闪闪发光，所以得名“夜光杯”。

凉州词

［唐］王翰

葡萄美酒夜光杯，欲饮琵琶马上催。
醉卧沙场君莫笑，古来征战几人回？

【作者】王翰，字子羽，并州晋阳（今山西太原）人，唐代边塞（sài）诗人。王翰的诗作多表达对人生短暂的感叹和及时行乐的旷达情怀。《凉州词》是他的边塞诗代表作。

【译文】制作精美的酒杯中盛满了葡萄美酒，将士们正要开怀畅饮时，催人上马征战的琵琶声响起。就算醉卧沙场之上请你不要见笑，古往今来战场上的好男儿有几个能平安返回？

【鉴赏】这是一首七言绝句。诗人通过描写边塞的风光、军中饮酒的经历，抒发自己为国不惜献身的豪情壮志。

一、二句从一个侧面为读者展现了一场五光十色、酒香四溢的盛大宴席。葡萄酒、夜光杯都是西域的特产，表明了送别地点是边关。在酒兴正浓的时候，却听到琵琶的声音。这琵琶曲不是一般的曲子，而是军队士兵所演奏的军乐。耳听着阵阵欢快、激越的琵琶声，将士们兴致飞扬，都有些醉意了。三、四句诗人更加豪情万丈地说，即使醉卧沙场，也请各位不要见笑，我们不是早就将生死置之度外了吗？这两句诗表现出的不仅是酒宴上兴奋、豪放的感情，而且表现了戍守边关的将士们视死如归的勇气，读后令人倍感振奋。

博士喵
赏古诗

因为阳光的强弱与时间的流逝有关，从中可以引申为时光，如光阴。从光芒中也可以引申出明亮、色泽亮，如光明、光彩照人。明亮的事物是风光，从中可以引申出景色、景物，如风光旖旎（yǐ nǐ）、春光明媚。“不论平地与山尖，无限风光尽被占”（唐·罗隐《蜂》），“山光物态弄春晖，莫为轻阴便拟归”（唐·张旭《山中留客》），“水光潋滟（liàn yàn）晴方好，山色空蒙雨亦奇”（宋·苏轼《饮湖上初晴后雨》），以上诗句中的“风光”“山光”“水光”都与景物、景色有关。

把○中的字填上，并说一说加拼音词的意思。

曙○→光亮（guāng liàng ❶）→○点→点○（diǎn míng ❷）→名称→称○（chēng hu ❸）→呼救（hū jiù ❹）→○援→援助（yuán zhù ❺）→助○→人民→○主→○张→张开→开○（kāi kǒu ❻）→口信→○任（xìn rèn ❼）→任务（rèn wu ❽）→○必→必须→须○（yāo qiú ❾）→要求

❶ 明亮。

❷ 查点人员数目时一个个地叫名字。

❸ 叫。

❹ 呼叫求救。

❺ 支援，帮助。

❻ 张开嘴说话。

❼ 相信而敢于托付。

❽ 指定担任的工作；指定担负的责任。

❾ 提出具体愿望或条件，希望得到满足或实现。

答案：光、亮、名、呼、救、人、民、主、口、信、务、要

词语园

光

chén guāng
晨光
早晨的阳光。

dēng guāng
灯光
灯的光度。也指舞台上或摄影棚内的照明设备。

guāng huá
光滑
物体表面平滑不粗糙。

fā guāng
发光
发出光亮或光芒。

guāng xiàn
光线
照射或反射在物体上使人能看见物体的东西。

fēng guāng
风光
风景；景致。

guāng liàng
光亮 明亮。

shǎn guāng
闪光
发光。

guāng míng
光明 亮光。

shí guāng
时光
时间；光阴。

guāng róng
光荣 荣誉。

xīng guāng
星光
星星的光辉。

guāng máng
光芒 四射的强烈光线。

yáng guāng
阳光
太阳发出的光。

mù guāng
目光
指视线。也指眼睛的神采。

yuè guāng
月光
太阳照在月亮上反射出来的光。

“穿壁借光”讲的是汉代匡（kuāng）衡的故事。匡衡从小非常好学，可是家里穷得连买灯油的钱都没有。于是他在自己家的墙壁上凿开了一个孔，让邻居家的灯光照了过来，这样他就可以读书了。

后用“穿壁借光”形容刻苦读书。

八十一

只有屋顶的大屋

基本汉字中的第 81 个字

广原来是一个象形字，小篆像靠着山崖建起的房屋，读作 yǎn。后来成为“廣”的简化字，读作 guǎng。

廣是一个形声字，读作 guǎng，本义是四周没有墙壁的大屋顶建筑。这个意义现在已经不再使用了。

从本义中可以引申出大，当形容词讲，如广大、广博、地广人稀、神通广大。“广寒宫阙里，今夕是何年”（宋·喻良能《汲水》），这里的“广寒宫”是中国古代神话传说中的一座宫殿，这座宫殿没有建在地上，而是修在了月宫。传说伐树的吴刚、捣药的玉兔和嫦娥仙子就居住在广寒宫。

如果所指涉及面比较普遍，就可以用“广泛”来修饰。广泛有众多的意思，如大庭广众、兵多将广。

从广大可以引申出扩大、增大，如增广、集思广益、广为流传。也可以指宽大、高大，如“安得广厦千万间，大庇天下寒士俱欢颜”（唐·杜甫《茅屋为秋风所破歌》），这里的“广厦”当高大的房屋讲。

广可以特指宽阔、辽阔，如广场、宽广、广阔、地广人稀、广为流传。

现在广可以特指广州，如广交会、京广铁路。

茅屋为秋风所破歌（节选）

［唐］杜甫

安得广厦千万间，大庇天下寒士俱欢颜，风雨不动安如山！

呜呼！何时眼前突兀见此屋，吾庐独破受冻死亦足！

博士喵赏古诗

【译文】怎样才能有千万间大厦，庇护天下受苦人都笑开颜，风吹雨打不动摇，安稳如山！哎！什么时候眼前突然耸起这样的房屋，即使唯独我的房破受冻而死心里也满足！

汉字乐园 **与广有关的汉字**

庆（慶）

甲骨文是一只长着两个犄角的鹿（ ），腹部是一心（ ）字，古代用鹿皮当作礼物。组合在一起，意思是衷心献上礼物。本义是庆祝。

库（庫）

小篆像一个库房（ ）里面收藏着兵车（ ）。本义是收藏兵器和兵车的地方。

庙（廟）

金文用广（ ）表示与房舍有关，用朝（ ）表示读音。本义是供奉祭祀祖先的建筑。

府

金文像在一个房子（宀）里面收藏着貝（貝，表示财宝），付（付）表示读音。小篆府将宀变为广（广），意思不变。本义是收藏文书或财物的地方。

庞（龐）

甲骨文用广（广）表示与房舍有关，龙（龙）表示读音。本义是高大的屋子，引申为高大。

麻

你会玩吗？

答案：金文像在房子（厂［厂］与"广"表义相通）下面剥开麻（𣏟，𣏟）。

小篆麻将厂变为广（广），意思不变。本义是可做绳索的大麻。

把○中的字填上，并说一说加拼音词的意思。

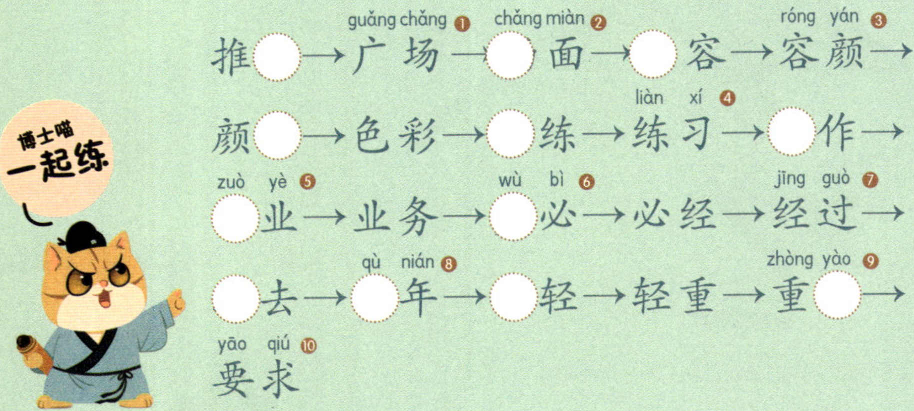

① 面积广阔的场地，特指城市中的广阔的场地。
② 戏剧、电影中由布景、音乐和登场人物组合成的景况。
③ 容貌。
④ 为达到熟练而反复学习。
⑤ 老师给学生布置的功课。
⑥ 必须；一定。
⑦ 通过（处所、时间、动作等）。
⑧ 今年的前一年。
⑨ 具有重大意义、作用和影响的。
⑩ 提出具体愿望或条件，希望得到满足或实现。

答案：广、场、面、色、彩、习、作、务、过、去、年、要

有点大无边，无点把厂建。
要想理解它，就得视野宽。

谜底：广

八十二

武力保卫的疆域

guó

国

基本汉字中的第 82 个字

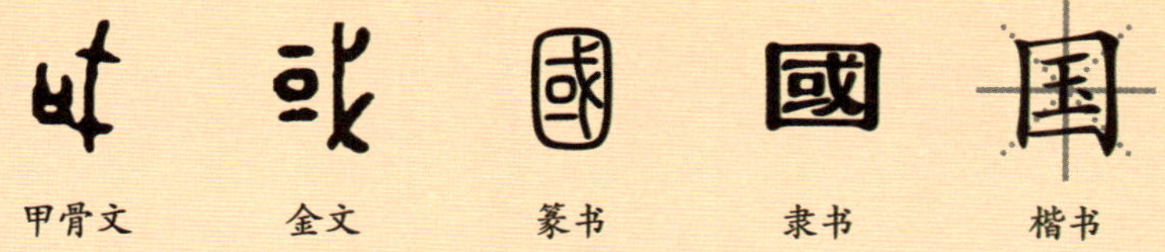

国读作 guó，繁体写作國。甲骨文由“口（像城邑、国土或疆域）”和“戈（像武器）”两部分组成，表示用武力保卫城池。本义指邦国、诸侯国，如晋国、郑国，“开国承家，小人勿用”（《周易·师卦》），告诫人们，无论家还是国，都不要重用小人。

也用来指都城，如去国怀乡、“先王之制，大都不过参国之一”（《左传·隐公元年》）。

秦始皇统一中国后，诸侯国归并在一起，这样国就用来指代国家了，如国民、国产、国货、国泰民安。“捐躯赴国难，视死忽如归”（三国·曹植《白马篇》），生动地塑造了一位武艺精湛（zhàn）的游侠形象，歌颂了他为了国家利益不惜牺牲自己的高尚情操，同时寄托了诗人渴望为国建功立业的远大理想。“国破山河在，城春草木深”（唐·杜甫《春望》），形象地描写了在“安史之乱”的背景下，家破人亡的悲惨现实。“商女不知亡国恨，隔江犹唱《后庭花》”（唐·杜牧《泊秦淮》），诗人借古讽今，告诫统治者如果再不吸取教训，唐王朝就会很快灭亡。以上诗句里的“国”指的是国家。

后来国也指一定的地区、地域，如天国、天府之国。“红豆生南国，春来发几枝”（唐·王维《红豆》）中的“南国”指的是南方。

国可以特指中国，如国画、传统国学。也特指中国国民党，如国共合作。

需要注意的是，商代把国家统称为“方”，到了西周时期，用“邦”替代了“方”，春秋战国以后，才开始广泛使用“国”。

把〇中的字填上，并说一说加拼音词的意思。

❶ 指全国上上下下，各个地方、各个阶层的人。

❷ 去处不清楚。

❸ 明明知道，还故意发问。

❹ 形容历经危险而得以幸存。

❺ 指极深极大的仇恨。

❻ 恨到骨子里去了。形容极端痛恨。

❼ 感情融洽，心意相通。

❽ 把两者合为一个整体。

❾ 比喻趁锐气旺盛之际一举成事或勇往直前。

答案：上、下、明、问、十、八、九、一、生、死、浅、深、仇、恨、骨、情、意、二、一

博士喵讲故事

“国是”这个词语，说的是春秋时期的事情。当时楚庄王在孙叔敖（áo）的辅佐下，成为“春秋五霸”之一。有一次，楚庄王询问孙叔敖治理国家的方法。孙叔敖面有忧愁地说：“我现在担心国是能不能执行。”楚庄王问他其中的原因。孙叔敖回答说：“如果国君在大臣面前傲慢无礼，以为没有了自己，臣民就不能富裕，那么大臣就会痛恨他；大臣如果十分傲慢，以为没有了自己，国家就不能强盛，那么国君心里也会不满。这样君臣之间就会互相猜忌，哪里还能制定出正确的国策呢？从前夏桀（jié）和商纣这两个暴君，完全以个人的喜好为标准来制定治理国家的政策，最后导致国家灭亡。”楚庄王听了连声叫好。

这里的“国是”指国家的大计。

汉字乐园 与戈有关的汉字

国（國）的金文写作，右边是一只戈，下面这一组字都带有戈字。

戉

甲骨文上部朝左的部分（ ）像一把平口的斧头，下部（ ）像斧头的长柄。本义是像斧钺一样的兵器。

戍

甲骨文的左下部像一个面朝左站立的人（ ），右上方是武器戈（ ），人站在戈的旁边，就是“守卫”的意思。本义是保卫边疆。

岁（歲）

甲骨文 像长柄的斧钺的形状，斧钺的刃朝左，其中的两个小点表示斧钺刃（ ）上下尾部弯曲透空的地方。本义为像斧钺一样的兵器。后来假借为木星。因为木星绕二十八宿运转一周需要将近十二个月，引申为年，简化为岁。

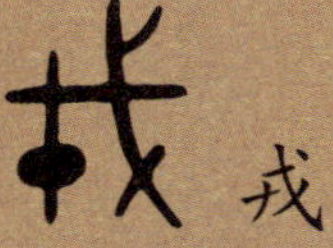 戎

金文中间偏左的十（ ，甲）字像一块盾牌，右边是表示兵器的戈（ ）。本义是兵器。

 成

金文的左下角（ ）是“丁”字的讹变，表示读音，右边是一把斧钺一样的兵器戌（ ）。本义是实现。

戒 你会玩吗？

答案：戒，甲骨文中间是一把长长的戈（ ），中间左右两侧是紧握戈的双手（ ），表示双手紧握兵器以防不测。本义是警戒、戒备。

八十三

树上结出的种子

guǒ

果

基本汉字中的第 83 个字

甲骨文

金文

篆书

隶书

楷书

果读作 guǒ。甲骨文、金文、小篆的字形都像树上结着的果实的形状，只不过甲骨文上面结的果实比其他几个多一些。本义是果实，如瓜果、水果、开花结果、果实累累。“雨中山果落，灯下草虫鸣”（唐·王维《秋夜独坐》），这里的“果”当作果实讲。

诣徐卿觅果栽

［唐］杜甫

草堂少花今欲栽，不问绿李与黄梅。

石笋街中却归去，果园坊里为求来。

博士喵赏古诗

【译文】我住的草堂里面的花儿太少了，不论绿色的李树还是黄色的腊梅，准备栽种一些。我从徐卿的果园坊中要到了一些花草树木，回家的时候经过了石笋街。

因为开花的最终目的是结果实，所以从中可以引申出结局，如成果、后果、自食其果、修成正果。果实如果饱满充盈，就可以引申出饱足、充实，如食不果腹。果树结果是板上钉钉的事实，所以从中引申为不犹豫、坚决、有决断，如果断、果敢。有了结局就成了现实，所以从中可以引申出真的。

果也可当作副词使用，指确实、真的，如果真、果然、如果、果如其言。“苏门果有忠臣在，肯放坡诗百态新”（金·元好问《论诗三十首》其二十六），这里的“果”当果然讲。

车和果

汽车装苹果，

苹果装满车。

上坡下坡颠簸多，

车碰果来果碰车。

苹果碰车果皮破，

汽车碰果车辗果。

训练目的：韵母 uo

在一定阶段，事物发展所
达到的最后状态。
jié guǒ
结果
由某种力量、做法或因素产
生的结果（多指好的）。
xiào guǒ
效果
表示事实与所说
或所料相符。
guǒ rán
果然
表示假设关系。
rú guǒ
如果
可以吃的果实。
guǒ zi
果子
含水分较多的植物
果实。
shuǐ guǒ
水果
词语园
果
guǒ shù
果树
果实主要供食
用的树木。
hòu guǒ
后果
最后的结果（多用
在坏的方面）。
guǒ yuán
果园
种植果树的园地。
táng guǒ
糖果
糖制的食品，其中多加有果
汁、香料、牛奶或咖啡等。
guǒ shí
果实
植物雌花受精后逐渐长
成的东西。比喻经过斗
争或劳动得到的成果。
guǒ zhī
果汁
用鲜果的汁水制
成的饮料。

“掷果盈车”说的是潘安的故事。他是西晋著名的文学家，不仅文采出众，而且容貌俊美，姿态优雅。每次潘安乘车出现在洛阳大街上，妇女们就手拉着手把他的车围起来。老年妇女也非常喜欢潘安，不停地把水果往他的车里扔。西晋另一位大文学家左思，相貌奇丑无比，也学着潘安的样子到处游逛，妇女们一看到他，就向他口吐唾沫。

“掷果盈车”指女子爱慕与追捧美男子。

八十四

步行乘车经一处

guò/guo

基本汉字中的第 84 个字

甲骨文　金文　篆书　隶书　楷书

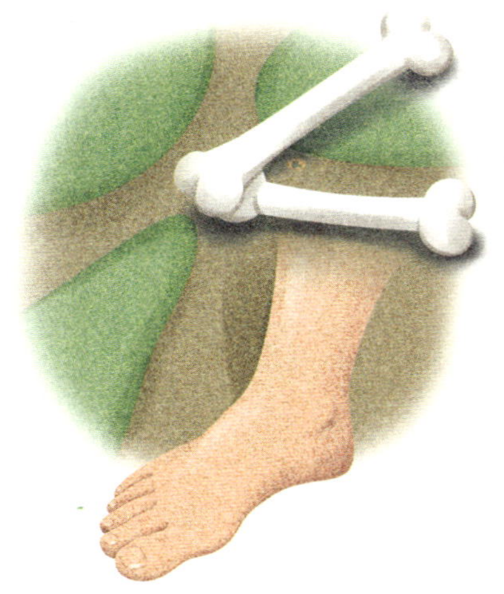

过读作 guò，繁体写作過。本义是走过、经过，如路过、过来、过眼烟云。“过街老鼠——人人喊打”是一句歇后语，说的是大家都痛恨坏人坏事。“沉舟侧畔千帆过，病树前头万木春”（唐·刘禹锡《酬乐天扬州初逢席上见赠》），诗人运用比喻的手法，说明新生事物势不可当，一定会超过旧事物。

四时田园杂兴（其二十五）

［宋］范成大

梅子金黄杏子肥，麦花雪白菜花稀。
日长篱落无人过，唯有蜻蜓蛱蝶飞。

【作者】范成大，字致能，平江吴郡（今江苏苏州）人。他的诗歌题材广泛，其中田园诗自成一体，影响最大。他和陆游、杨万里、尤袤（mào）一起被称为“南宋四大家”。

【译文】梅子变得金黄，杏子果肉肥厚，荞麦花一片雪白，油菜花开始凋（diāo）落结籽，稀稀落落的。白天渐渐变长，农夫们忙着干活没有时间回家，只有蜻蜓和蝴蝶绕着门前的篱笆飞来飞去。

【鉴赏】这首诗描写了江南夏天优美平和、宁静安详的田园风光，读起来生动美妙，令人神往。

前两句诗人从农作物入手，写出了夏天江南农村特有的艳丽景象。诗人先写成熟的水果，已经成熟的金黄肥大的梅子、杏子，高高地挂满了枝头；再写田野的庄稼，田里的荞麦扬花了，白花花一大片，油菜花凋谢了，开始结出油菜籽。

后两句从侧面描写了农民的劳动情况。夏季白天变长了，农民正忙于耕种，早出晚归，村舍的篱笆边，很少看到行人；只有蜻蜓、蝴蝶在自由自在地飞舞。这两句用蝴蝶和蜻蜓的动来反衬村子里的静，暗示全村男女老少都在田间忙碌，表现了诗人对大自然和农村生活的赞美和热爱之情。

博士喵
赏古诗

走过、经过包含动作已经完成的意思，从中可以引申为曾经、已经，用作助词，一般用在动词的后面，读作 guo，表示发生过某种行为或变化，如我去过北京、我看过这本书。用在形容词的后面，表示曾经有过某种性质或者状态，如他的身体从来没有这么强壮过，他的老师从来没有这样教过。

说一说加拼音成语的意思。

yǔ guò tiān qíng ❶ / lǐ yìng wài hé ❷
雨过天晴→晴空万里→里应外合→

hé qíng hé lǐ ❸ / lǐ zhí qì zhuàng ❹
合情合理→理直气壮→壮志凌云—

hǎi dǐ lāo yuè ❺
云山雾海→海底捞月→月黑风高→

gāo gāo zài shàng ❻ / dì jiǔ tiān cháng ❼
高高在上→上天入地→地久天长→

长命百岁→岁寒三友→友风子雨→

yǔ dǎ fēng chuī ❽
雨打风吹→吹糠见米→米珠薪桂

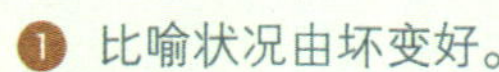

1. 比喻状况由坏变好。
2. 里面的人接应，外面的人配合，共同行动。
3. 合乎情理。
4. 理由正确、充分，说话的气势也就很盛。
5. 到海底去捞取月亮。比喻徒劳无益，根本达不到目的。
6. 原指地位很高。现用来形容脱离群众和实际的官僚作风。
7. 原指天地存在的时间久远。后用以形容时间久远。
7. 指风雨对事物的摧残或侵蚀。比喻受强大事物的打击。

“三过家门而不入”是中国的创世神话传说。

相传上古时期，舜掌管天下的时候洪水泛滥，土地荒芜，禽兽到处伤人，百姓流离失所，痛苦不堪。舜为了救百姓于洪水之中，先是派鲧(gǔn)治水，结果失败了。后又派鲧的儿子禹治水。禹吸取了父亲鲧治水堵塞河道的教训，采用了疏通河渠的方法，依照地形来规划水道，把滔滔洪水引进大河和大海，最终制服了洪水。据说禹在外治水十三年，曾经三次经过家门，由于忙于公务，一次也没有进去探望过妻子和孩子。

八十五

小儿咯咯笑不停

hái

孩

基本汉字中的第 85 个字

金文　篆书　隶书　楷书

孩读作 hái。本义指婴儿笑，这个意义现在已经不用了。“我昔孩提从我兄，我今衰白尔初成”（唐·元稹《寒食日毛空路示侄晦及从简》），说的是诗人元稹小时候跟随兄长玩耍，现在他的头发已经斑白，侄儿（元稹兄长的孩子）已经长大成人。这里的孩提指的是开始会笑可提抱的幼儿。后代指幼童、小孩子，如孩童、小孩。“有人明此道，立使返婴孩”（唐·吕岩《五言》），“今日新欢须记取，孩儿，更过十年也似他”（宋·辛弃疾《南乡子》），以上诗词中的“孩”都是指小孩子。

后来，孩的意义扩大，泛指子女，如他有两个孩子，一个儿子，一个女儿。现在也泛指青少年，如男孩做力气活，女孩做精细活。

把〇中的字填上，并说一说加拼音词的意思。

1. 儿童。
2. 儿子和女儿。
3. 指生产活动。
4. 显露出来；产生出来。
5. 这个时候，指说话的时候。
6. 连词，表示后一事紧接着前一事。
7. 异乎寻常的；特殊的。
8. 彼此对面相见。
9. 军队。
10. 职员和工人。

答案：孩、子、女、生、出、是、见、面、队、员、工

博士喵讲故事

古人对年龄的划分非常细。一般把不满周岁的婴儿称作“襁褓(qiǎng bǎo)”；把2—3岁的幼儿称作“孩提”；把童年时代泛称“总角”；把10岁以下的小孩子称为“黄口”。10岁以上的男孩子和女孩子分得就更细了。女孩子12岁称作“金钗（chāi）之年”，女孩子13岁称作“豆蔻之年”，女孩子15岁称作“及笄（jī）之年”，表示已经到了出嫁的年龄，女孩子16岁称作“碧玉之年”；女孩子20岁子称作“桃李之年”，女孩子30岁称作“半老徐娘”。男子20岁称作“弱冠之年”，30岁称作“而立之年”，70岁称作“古稀之年”。

弱冠

而立之年

古稀之年

八十六

靠近陆地的水域

hǎi

海

基本汉字中的第 86 个字

金文 1　金文 2　篆书　隶书　楷书

海读作hǎi，本义是大海、海洋，如沿海、出海、大海捞针、沧海一粟。“白日依山尽，黄河入海流”（唐·王之涣《登鹳雀楼》），诗人描写了登上鹳雀楼所看到的壮阔景象：夕阳依傍着连绵不绝的群山慢慢地落下，滚滚的黄河水日夜不停地向大海奔流。

嫦娥

［唐］李商隐

云母屏风烛影深，长河渐落晓星沉。
嫦娥应悔偷灵药，碧海青天夜夜心。

【译文】透过装饰着云母的屏风，烛影渐渐暗淡下去；银河也在渐渐地消失，晨星沉没在黎明的曙光里。嫦娥恐怕后悔偷了长生不老药，现在只有青天碧海陪伴她度过孤寂的夜晚。

什么是“四海”？

古人认为中国被四海所包围。四海有不同的说法，其中一种说法认为，四海是东海、南海、西海和北海。慢慢地，人们把中国称作“四海”。

因为海非常大，从中引申指大湖或大池，如洱海、中南海。“四海无闲田，农夫犹饿死”（唐·李绅《悯农二首》其一），诗人真实地描写了天下已经没有可以再耕作的土地了，可是仍然有农民被活活饿死。其中的“四海”指代天下。

说一说加拼音成语的意思。

海底捞月(hǎi dǐ lāo yuè)①→月黑风高→高山流水(gāo shān liú shuǐ)②→

水到渠成(shuǐ dào qú chéng)③→成家立业→业精于勤→

勤学好问→问牛知马→马马虎虎(mǎ mǎ hū hū)④→

虎入羊群→群策群力→力能扛鼎→

鼎足而立(dǐng zú ér lì)⑤→立足之地→地大物博(dì dà wù bó)⑥→

博古通今(bó gǔ tōng jīn)⑦→今是昨非

① 到海底去捞取月亮。比喻徒劳无益，根本达不到目的。
② 比喻知音或知己。
③ 水流所到，自然成渠。比喻条件成熟，事情自然成功。
④ 形容做事草率。
⑤ 像鼎的三只脚一样，三者各立一方。比喻三方面的势力相当。
⑥ 指国土辽阔，资源丰富。
⑦ 古代、现代的事情都通晓。形容知识渊博。

词语园

海

hǎi bào
海报
张贴出来告知众人有关戏剧、电影等演出或球赛等活动的宣传文字。

hǎi yáng
海洋
海和洋的统称。

nǎo hǎi
脑海
指脑子（就思想、记忆的器官而言）。

hǎi àn
海岸
邻接海洋边缘的陆地。

hǎi jūn
海军
在海上作战的军队。

chū hǎi
出海
（船只）离开停泊地点到海上去。

hǎi làng
海浪
海洋中由风掀起的浪花。

yán hǎi
沿海
靠近海的一带。

hǎi tān
海滩
海边的滩地。

sì hǎi
四海
指全国各地，也指世界各处。

hǎi xiá
海峡
两块陆地之间的狭窄海域。

hǎi xiān
海鲜
指供食用的海鱼、海虾等。

博士喵
讲故事

“精卫填海”是中国上古神话传说。

相传精卫是炎帝神农氏的小女儿，她的名字叫女娃。有一天，女娃到东海游玩，玩着玩着，一不小心掉到东海里淹死了。女娃死后的精灵化作了小鸟，样子长得有点像乌鸦，花花的脑袋、白白的嘴巴、红红的爪子，口里不停地发出“精卫、精卫”的叫声，好像在呼唤着自己一样。它每天从西山衔来石头和草木，投入东海之中，发誓要把大海填平。

后来人们用“精卫填海”比喻不畏困难，意志坚决。

八十七

女子美丽人人爱

hǎo/hào

好

基本汉字中的第 87 个字

甲骨文　金文　篆书　隶书　楷书

好是一个会意字，读作 hǎo，本义是女子相貌美丽，如“秦氏有好女，自名为罗敷”（汉乐府《陌上桑》），“好女”就是相貌美丽的女子。

好的意义比较多，从本义可以引出美好的、使人满意的，如好人。“好雨知时节，当春乃发生”（唐·杜甫《春夜喜雨》），“好雨”表现了诗人对春雨的喜爱之情。“不要人夸颜色好，只留清气满乾坤”（元·王冕《墨梅》），表现了梅花把清气留给人间的美好品质，这里的“好”指的是梅的颜色使人满意。

赠刘景文

［宋］苏轼

荷尽已无擎雨盖，菊残犹有傲霜枝。

一年好景君须记，最是橙黄橘绿时。

【作者】苏轼，字子瞻，号东坡居士，北宋著名的文学家、书法家。在诗歌方面，他与黄庭坚并称“苏黄”；在词方面，他与辛弃疾同为豪放派代表，并称“苏辛”。

【译文】荷花凋落了，根茎上雨伞似的荷叶也已经枯萎；菊花开败了，但那傲霜挺拔的菊枝在寒风中依然显得生机勃勃。一年中美好的景致你一定要记住，就是那橙黄橘绿的初冬时节啊！

【鉴赏】这首诗是诗人赠好友刘景文的。诗人所咏都是深秋之物，却摆脱了古人的悲秋情绪，把写景、咏物、赞人融合在一起，通过一语双关，含蓄地表现了对好友的欣赏和期望。

前两句写景：荷花已经凋（diāo）谢，连碧绿的荷叶也看不到了；菊花虽然残败，但那傲霜凌雪的花枝还在。两句形成了强烈对比，突出了菊花傲霜斗寒的特性。诗人表面上是咏物，实际上是对友人刘景文身处逆境仍能逆流而上的精神的鼓舞与赞扬。

后两句抒情：一年中最好的风景你一定要记住，是在橙子金黄、橘子青绿的秋末冬初啊！诗人勉励友人要像橘树那样经冬犹青，告诉友人只有经历了最艰难的过程，才能取得丰硕的成果。

如果用于人和人之间的关系，好可以指友爱、和睦，如友好、和好、好朋友、言归于好；如果用于身体、生活等方面，好可以指健康、幸福，如安好、身体好；如果用于做事方面，表示容易或完成，如好办、这个问题好懂。

从貌美可以引申出喜欢、喜爱，当动词讲，读作 hào，如爱好、好学、好客、投其所好、游手好闲、好高骛远。

把○中的字填上，并说一说加拼音词的意思。

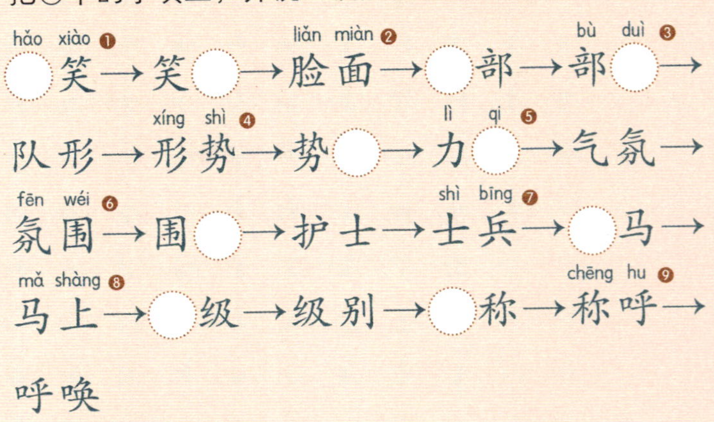

❶ 引人发笑；可笑。
❷ 头的前部，从额到下巴。
❸ 军队。
❹ 事物发展的状况。
❺ 肌肉产生的效能。
❻ 周围的气氛和情调
❼ 军士和兵的统称。
❽ 副词，表示即将或紧接着发生某事。
❾ 叫。

答案：好、脸、面、队、力、气、护、兵、上、别

词语园

好

hào qí
好奇 对自己不了解的事物觉得新鲜而特别有兴趣。

jiào hǎo
叫好 为了表示赞赏而大声喊“好”。

hào xué
好学 喜欢学习。

liáng hǎo
良好 令人满意；好。

hǎo tīng
好听 （声音）听着舒服；悦耳。

gāng hǎo
刚好 恰巧，正好。

hǎo duō
好多 许多。

zuì hǎo
最好 最为适当。

yǒu hǎo
友好 亲近和睦。

hǎo yì
好意 好的心意。

qià hǎo
恰好 正好。

hào kè
好客 对客人热情，乐于接待。

zhǐ hǎo
只好 只得；不得不。

hǎo jiǔ
好久 很久；许久。

měi hǎo
美好 好（多用于抽象事物）。

hǎo shì
好事 好事情；有益的事情。

yào hǎo
要好 彼此感情融洽；相好。

hǎo xiàng
好像 有些像；似乎。

博士喵
讲故事

司马徽是东汉末年的名士，人们叫他“水镜先生”。水镜先生为人清雅，学识广博，先后向刘备推荐了诸葛亮、庞统等贤良之才。司马徽从不说别人的短处，与人说话时，无论好事坏事，一概都说好。有人问他：“先生近来身体如何？”他回答“好”；有人向他诉说自己刚刚死了儿子，他也回答说“好”。他的妻子责备他：“别人认为你是忠厚长（zhǎng）者，才把伤心事告诉你。可你为什么听说别人死了儿子，反倒说好？”司马徽听了妻子的话后说：“你的话也很好。”

后用“好好先生”指办事没有原则、谁也不愿得罪的人。

八十八

关闭起来看不见

hé

合

基本汉字中的第 88 个字

甲骨文

金文

篆书

隶书

楷书

合读作 hé。甲骨文、金文、小篆的字形像把器皿的盖（ ）与器皿的身子（ ）合在一起的形状。本义是**闭合、合拢**，如合眼、愈合、“四面竹树环合”（唐· 柳宗元《至小丘西小石潭记》）。“天地合，乃敢与君绝”（汉·佚名《上邪》），是一个处于热恋中的女子的誓言，表达了她希望自己的爱情天长地久，这里的“合”就是闭合、合拢的意思。从本义可以引申出**聚集在一起、联成一体**，如合并、结合、联合、同流合污、珠联璧合。“绿树村边合，青山郭外斜”（唐·孟浩然《过故人庄》），诗人生动地描写了乡村恬静的田园生活。“白云回望合，青霭入看无”（唐·王维《终南山》），描写的是终南山的景色，回头望去，分开的白云又合拢在一起，碧绿的景色又若隐若现。

水调歌头（节选）

［宋］苏轼

人有悲欢离合，月有阴晴圆缺，此事古难全。

但愿人长久，千里共婵娟。

【译文】人间有悲欢离合，月亮有阴晴圆缺，这样的事情自古难周全。只希望人生天长地久，虽然远隔千里却共有美好祝愿。

合还可以引申出符合、不违背的意思，如合格、适合、合情合理、志同道合。如果符合、不违背，就会和睦、和谐，如“议事每不合”（宋·王安石《答司马谏议书》），说的是每次朝廷议事，王安石和司马光的意见都不一致。这里的“合”当和谐讲。

在古代汉语中，合可以单独使用。在现代汉语中，合一般不能单独使用，经常用在“结合、合并、联合、符合、合适、适合”等词中。

说一说加拼音成语的意思。

里应外合→合情合理(hé qíng hé lǐ)❶→理直气壮(lǐ zhí qì zhuàng)❷→
壮志凌云→云淡风轻→轻举妄动(qīng jǔ wàng dòng)❸→
动之以情→情景交融→融会贯通(róng huì guàn tōng)❹→
通今博古→古今中外→外柔内刚(wài róu nèi gāng)❺→
刚柔并济→济世安民→民不聊生(mín bù liáo shēng)❻→
生龙活虎→虎头蛇尾(hǔ tóu shé wěi)❼→尾大不掉→
掉以轻心(diào yǐ qīng xīn)❽

❶ 合乎情理。
❷ 理由正确、充分，说话的气势也就很盛。
❸ 轻率地、胡乱地采取行动。
❹ 融合贯穿各方面的道理或知识，从而获得全面透彻的理解。
❺ 外表柔弱，内心却很刚强。
❻ 百姓失去了赖以生存的条件。形容人民生活极端困苦。
❼ 比喻做事前紧后松，有始无终。
❽ 指对某事物采取轻率、不重视的态度。

词语园

合

lián hé
联合
联系使不分散；结合。

shì hé
适合
符合（实际情况或客观要求）。

chǎng hé
场合
一定的时间、地点、情况。

zǔ hé
组合
组织成为整体。

huì hé
会合
聚集到一起。

hùn hé
混合
掺杂在一起。

fú hé
符合
与数量、形状、条件、情节等相合。

jié hé
结合
人或事物间发生密切联系。

pèi hé
配合
为共同完成某事而各方面分工合作。

hé zuò
合作
为了共同的目的一起工作或共同完成某项任务。

hé yǐng
合影
若干人合在一块儿照的相片。

hé shì
合适
符合实际情况或客观要求。

hé bìng
合并
结合到一起。

hé lǐ
合理
合乎道理或事理。

hé gé
合格
符合标准。

hé shēn
合身
（衣服）适合身材，不肥也不瘦。

hé chàng
合唱
由若干人分几个声部共同演唱一首多声部的歌曲。

“珠还合浦”说的是东汉孟尝的故事。合浦郡靠近大海，当地老百姓靠海吃海，世代以在海中捕贝取珠为生。后来，合浦郡的太守起了贪心，专门派人在海边不分昼夜地捕捞珠贝，合浦郡的百姓也纷纷效仿。结果，大海里的珠贝很快就被采尽捕绝。这样一来，老百姓断绝了生活来源，生活陷入了困境。孟尝继任合浦太守后，开始恢复珠贝的生长环境。他制定了严格的法令，严禁非法捕捞行为，规定了捕捞的时间以及捕捞珠贝的大小。法令执行不到一年时间，合浦郡的珍珠产量又恢复到当初的水平，百姓的生活又重新安定下来。

后用“珠还合浦”比喻东西失而复得。

八十九

以声相应读作 hè
借为连词改读 hé

hè/hé/huó

基本汉字中的第 89 个字

和读作 hè。甲骨文 [oracle bone glyph] 的左下部是联结在一起的竹管的形状，左上部的“口”是把能吹响的竹管汇集在一起，像笙的形状，本义是笙一类的乐器，引申为用声音相应和（hè），如应和、你唱我和、一唱一和、曲高和寡。“独有凤凰池上客，《阳春》一曲和皆难”（唐·岑参《奉和中书舍人贾至早朝大明宫》），“和皆难”说的是《阳春》这首曲子很难吹奏，一般乐人很难应和。

如果相互应和得好就能够协调一致，这个意义读作 hé，如和为贵、声音相和、和谐社会。这样一来，就能够使整个团队融洽，能够使人平顺、温顺，如和平、和善、谦和、心平气和、和颜悦色、和蔼可亲。“天时不如地利，地利不如人和”（《孟子·公孙丑下》），特别强调了“人和”的重要性。

望洞庭

［唐］刘禹锡

湖光秋月两相和，潭面无风镜未磨。
遥望洞庭山水翠，白银盘里一青螺。

【作者】刘禹锡，字梦得，洛阳人，唐代著名诗人。与柳宗元并称“刘柳”，与韦应物、白居易合称“三杰”。著有《陋室铭》《竹枝词》《杨柳枝词》《乌衣巷》等名篇。

【译文】洞庭湖的水光和月光相互映衬，没有风的湖面就像未打磨过的镜子。远远望去，洞庭湖中的君山青翠无比，就好像白银盘中的一只青螺。

【鉴赏】诗人抓住了洞庭湖最有代表性的湖光、月光、山色、水色，巧妙地运用比喻手法，刻画了一幅迷人的月夜洞庭图画，表达了诗人对月夜洞庭美景的喜爱之情。

前两句，诗人以轻快的语句，勾画出一幅优美的洞庭秋月图：洞庭湖的水光与秋夜的月光相互辉映，呈现出安宁空灵的景象；湖面上没有风，宁静的湖面就像是没有打磨的铜镜一般。

后两句，诗人的视线从宽广的月夜洞庭湖面集中到山上。接着，诗人以奇特的想象和巧妙的比喻来描写：远远望去，在月光映照下的洞庭湖的山水一片翠绿，就像是白银盘子里放着个青螺。这两句想象丰富，比喻恰当，银盘与青螺互相映衬，就像珍贵的工艺品，十分惹人喜爱，显示出作者惊人的艺术功底。

博士喵
赏古诗

和可以用作连词，读作 hé，表示并列关系，如我和你一起去跑步。“三十功名尘与土，八千里路云和月”（宋·岳飞《满江红》），这里的和当连词用，连接“云”与“月”。和用作介词，引进相关或比较的对象，如老师和我们讲了一些方法、课桌和弟弟一样高。“若到江南赶上春，千万和春住”（宋·王观《卜算子·送鲍浩然之浙东》），这句诗比较特殊，省略了“你”，和用作介词，引出“你住”的对象“春”，“和春住”就是与春住在一起。这句诗的意思是说，假如你到江南，还能赶上春的话，千万要把春天的景色留住。

和用作动词，指给粉末状的东西中加水或其他液体后，进行搅拌、揉搓使黏在一起，这个意义读作 huó，如和面、和泥。“时挑野菜和根煮，旋斫（zhuó）生柴带叶烧”（唐·杜荀鹤《山中寡妇》），诗人形象地描写了山中寡妇的贫穷生活，把挑的野菜连根一起熬煮，当作主食吃。

把○中的字填上，并说一说加拼音词的意思。

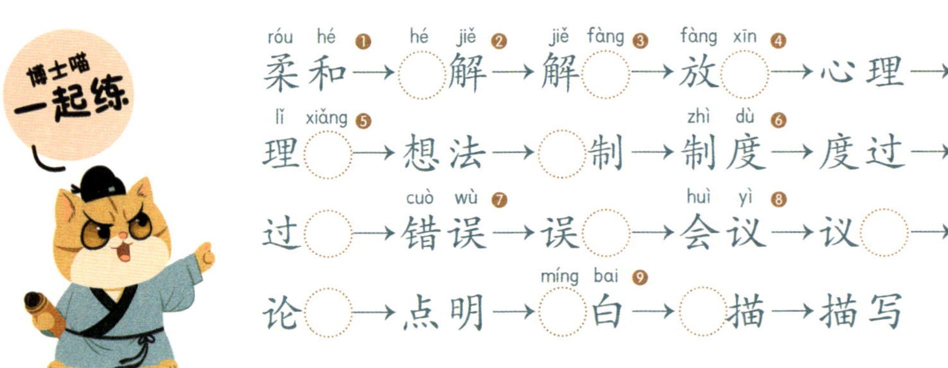

❶ 温和；不强烈。

❷ 停止争执、仇视，和睦相处。

❸ 解除束缚，使得到自由或发展。

❹ 心情安定，没有忧虑和牵挂。

❺ 对未来事物的想象或希望。

❻ 要求大家共同遵守的办事规程或行动准则。

❼ 不正确；与客观实际不相符。

❽ 有组织有领导地商议事情的集会。

❾ 内容、意思等使人容易了解；清楚。

答案：和、放、心、想、法、错、会、论、点、明、白

博士喵讲故事

“将相和”说的是战国时期蔺（lìn）相如的故事。蔺相如出身低下，开始是宦官的门客，后来他奉命出使秦国，不辱使命，最终完璧归赵；后来又陪同赵王赴秦王设下的渑（miǎn）池（在今河南三门峡）会，使得赵王免受秦王的暗算。为了奖励蔺相如的汗马之功，赵王封蔺相如为丞相。老将军廉颇居功自傲，很不服气，多次故意侮辱挑衅（xìn）蔺相如，蔺相如都以国家大事为重，忍让躲避，不愿意和廉颇争吵。最后廉颇醒悟过来，裸露着上身，背着荆条向蔺相如请罪。蔺相如不计前嫌，与廉颇和好如初。从此以后，二人共同辅佐赵王，使得赵国变得更加强大。

后用“将相和”指二人握手言欢。

九十

黄色水流东到海

hé

河

基本汉字中的第 90 个字

甲骨文　金文　篆书　隶书　楷书

河读作hé，本义是黄河，如河套、河西走廊。“白日依山尽，黄河入海流”（唐·王之涣《登鹳雀楼》），诗人形象生动地描写了登楼所看到的壮美的自然景色。

泛指河流（多指北方的河流），如渭河、运河、海河、护城河、河滩里的沙子——数不清。“国破山河在，城春草木深”（唐·杜甫《春望》），“蒌（lóu）蒿满地芦牙短，正是河豚欲上时”（宋·苏轼《惠崇春江晚景》），以上诗句中的“河”都指的是河流。

凉州词

［唐］王之涣

黄**河**远上白云间，一片孤城万仞山。
羌笛何须怨杨柳，春风不度玉门关。

【译文】黄河好像奔流在白云之间，在万仞（rèn）之高的群山中，一座孤城坐落在那里。何必用羌笛吹起那哀怨的《折杨柳》曲子，春风是吹不到玉门关这一带的。

河特指银河，如河汉。“飞流直下三千尺，疑似银河落九天”（唐·李白《望庐山瀑布》），诗人运用比喻的手法，描写了庐山瀑布雄伟壮观的气势。

说一说加拼音成语的意思。

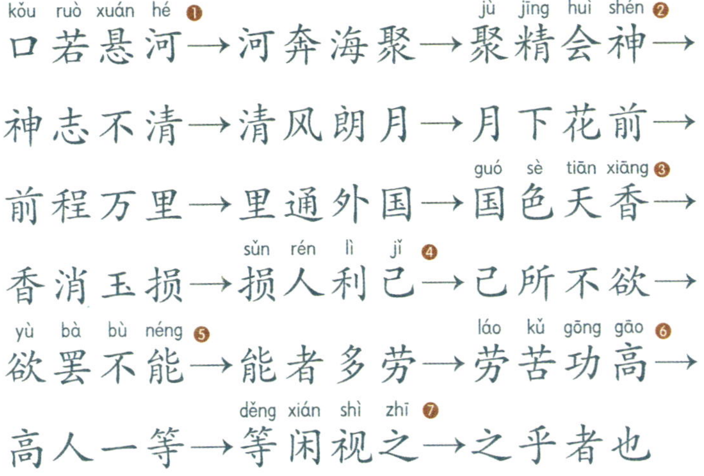

1. 说话像瀑布倾泻，滔滔不绝。形容能言善辩。
2. 集中全部精神。原指集中众人的智慧。现形容注意力十分集中。
3. 形容女子容貌非常美。
4. 损害他人而有利于自己。
5. 泛指事情发展到一定程度想停住已不可能。
6. 辛勤劳累，立下大功劳。
7. 把它看成平常的事而不在意。

词语园

河

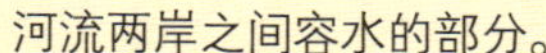

hé chuáng
河床
河流两岸之间容水的部分。

hé àn
河岸
河流的边。

hé dào
河道
河流的路线，通常指能通航的河。

hé gǔ
河谷
河流两岸之间低于地平面的部分。

hé liú
河流
地球表面较大的天然水流（如江、河等）的统称。

bá hé
拔河
体育运动项目，人数相等的两队队员，分别握住长绳的两端，一齐用力向相反方向拉绳，把绳上系着的标志拉过规定界线者为胜。

yín hé
银河
由许许多多的恒星构成的一条像大河的云状光带。

shān hé
山河
大山和大河。

yùn hé
运河
人工开凿的可以通航的河。

tiān hé
天河
银河的俗称。

jiāng hé
江河
长江和黄河。泛指大河。

博士喵敲黑板

黄河开始叫作“河”，是北方的第一大河，那时候河水清澈见底，一点泥沙都没有。大概到了晋朝，河水才开始变黄变浊，渐渐地被人们称作“黄河”。“黄河远上白云间，一片孤城万仞山”（唐·王之涣《凉州词》）的作者是唐代人，从这首诗中可以看出，这时的黄河水已经变黄了。

博士喵
讲故事

“河东狮吼”是一个成语故事。说的是北宋陈慥（zào）的故事。

陈慥喜欢饮酒待客，与苏东坡是好朋友。陈慥的妻子柳氏不仅凶悍，而且嫉妒心强。有时陈慥与宾客正谈得起劲时，柳氏却摔锅打灶地骂起来，弄得陈慥和宾客十分难堪。于是苏东坡写诗嘲笑陈慥：“龙丘居士亦可怜，谈空说有夜不眠。忽闻河东狮子吼，拄杖落手心茫然。”大意是：有谁能像龙丘居士那么有才能呢？谈起佛学、佛法，往往整夜都不睡觉，但是一听到妻子的怒骂声，就吓得连拐杖都离了手，茫茫然不知所措。因为柳氏是河东人，所以苏东坡称她为河东狮子。

后用“河东狮吼”比喻泼妇发怒。

河边聚集（ ）了许多（ ）动物（ ），有马（ ）儿、牛（ ）儿、羊（ ）儿、。小鹿（ ）、兔（ ）子在喝水（ ），公鸡（ ）在鸣叫，母鸡在孵（ ）小鸡。

牛
羊
鹿
兔
水
鸡
孵

九十一

慢慢走来不听从

hěn

很

基本汉字中的第 91 个字

篆书 隶书 楷书

很读作hěn，本义是不听从、不顺从，如猛如虎，很如羊。这个意义现在已经不再使用了。从本义可以引申出凶狠，这个意义现在写作“狠”。

很可以用在地名“很山”“很石”中。“很石忽中断，势若两虎斗”（元·李孝光《与叔夏游石门叔夏很石忽中断势若两虎斗之句余辄足之》），其中的“很石”是一块石头的名字，放置在江苏省镇江市北固山甘露寺前。“玉宇璚（qióng）楼腾紫气，很山雁塞净红尘”（明·黄廷用《岁暮病中次司勋侄韵》），其中的“很山”也写作“佷山”，是一座山名，又叫作武落钟离山，在今湖北省宜昌市长阳土家族自治县。

后来，很经常用作副词，用在形容词前面，表示程度高，相当于“非常”，如很好、小明很爱读书。“很多亡赖成名业，大怪生人读死书”（清·王季珠《消夏偶成》），“很久不曾看早晨，泥鞋滑露颈滑霖”（当代·卢青山《十二月二十八醉起早行作》），以上诗句中的“很”都当副词讲。

很可以用在助动词前，如很可能是他干的；也可以用在表示心理活动的动词前，如大家很感激他，我很喜欢读书。